Crie sua própria VPN: Um guia passo a passo

ISBN 979-8869091529

Sumário

1 Introdução

1.1 Por que criar sua própria VPN

Na era digital de hoje, a privacidade e a segurança online se tornaram cada vez mais importantes. Hackers e outros indivíduos maliciosos estão constantemente procurando maneiras de roubar informações pessoais e dados sensíveis, tornando essencial tomar as medidas necessárias para proteger nossas atividades online.

Uma maneira de aumentar a privacidade e a segurança online é criar sua própria rede privada virtual (VPN), que pode oferecer uma série de benefícios:

1. Maior privacidade: Ao criar sua própria VPN, você pode garantir que seu tráfego de internet seja criptografado e escondido de olhares curiosos, como seu provedor de serviços de internet. Usar uma VPN pode ser especialmente útil ao utilizar redes Wi-Fi não seguras, como aquelas encontradas em cafeterias, aeroportos ou quartos de hotel. Ela pode ajudar a proteger suas atividades online e dados pessoais de serem rastreados, monitorados ou interceptados.

2. Maior segurança: Serviços de VPN públicos podem ser vulneráveis a hacks e violações de dados, o que pode expor suas informações pessoais a criminosos cibernéticos. Ao criar sua própria VPN, você pode ter maior controle sobre a segurança de sua conexão e dos dados que são transmitidos por ela.

3. Acesso a conteúdo geograficamente restrito: Alguns sites e serviços online podem ser restritos em determinadas regiões, mas ao se conectar a um servidor VPN localizado em outra região, você poderá acessar conteúdo que, de outra forma, não estaria disponível para você.

4. Custo-benefício: Embora existam muitos serviços de VPN públicos disponíveis, a maioria deles exige uma taxa de assinatura. Ao criar sua própria VPN, você pode evitar esses custos e ter mais controle sobre o uso da VPN.

5. Flexibilidade e personalização: Criar sua própria VPN permite que você personalize sua experiência de VPN de acordo com suas necessidades específicas. Você pode escolher o nível de criptografia que deseja utilizar, a localização do servidor e o protocolo de rede, como TCP ou UDP. Essa flexibilidade pode ajudá-lo a otimizar sua VPN para atividades específicas, como jogos, streaming ou download, proporcionando uma experiência perfeita e segura.

No geral, criar sua própria VPN pode ser uma maneira eficaz de aprimorar a privacidade e a segurança online, ao mesmo tempo em que fornece flexibilidade e custo-benefício. Com os recursos e a orientação certos, isso pode ser um investimento valioso na sua segurança online.

1.2 Sobre este livro

Este livro é um guia passo a passo para criar seu próprio servidor IPsec VPN, OpenVPN e WireGuard. No Capítulo 2, você aprenderá como criar um servidor em nuvem em provedores como DigitalOcean, Vultr, Linode e OVH. O Capítulo 3 aborda a conexão com o servidor usando SSH e a configuração do WireGuard, OpenVPN e IPsec VPN. O Capítulo 4 aborda a configuração do cliente VPN no Windows, macOS, Android e iOS. No Capítulo 5, você aprenderá como gerenciar clientes VPN.

IPsec VPN, OpenVPN e WireGuard são protocolos VPN populares e amplamente usados. Internet Protocol Security (IPsec) é um conjunto de protocolos de rede seguros. OpenVPN é um protocolo VPN de código aberto, robusto e altamente flexível. WireGuard é uma VPN rápida e moderna projetada com os objetivos de facilidade de uso e alto desempenho.

2 Crie um servidor em nuvem

Como primeiro passo, você precisará de um servidor em nuvem ou servidor virtual privado (VPS) para criar sua própria VPN. Para sua referência, aqui estão alguns provedores de servidores populares:

- DigitalOcean (https://www.digitalocean.com)
- Vultr (https://www.vultr.com)
- Linode (https://www.linode.com)
- OVH (https://www.ovhcloud.com/en/vps/)

Primeiro, escolha um provedor de servidor. Em seguida, consulte as etapas de exemplo neste capítulo para começar. Ao criar seu servidor, é recomendável selecionar o mais recente Ubuntu Linux LTS ou Debian Linux (Ubuntu 24.04 ou Debian 12 no momento da publicação) como o sistema operacional, com 1 GB ou mais de memória.

Usuários avançados podem configurar o servidor VPN em um Raspberry Pi (https://www.raspberrypi.com). Primeiro, faça login no seu Raspberry Pi e abra o Terminal, depois siga as instruções no Capítulo 3, Configure o servidor VPN, seções 3.2-3.5. Antes de conectar, pode ser necessário encaminhar a(s) porta(s) no seu roteador para o IP local do Raspberry Pi. Consulte a(s) porta(s) padrão para cada tipo de VPN no Capítulo 3.

2.1 Crie um servidor na DigitalOcean

1. Crie uma conta na DigitalOcean: Acesse o site da DigitalOcean (https://www.digitalocean.com) e crie uma conta, caso ainda não tenha feito isso.

2. Depois de fazer login no painel da DigitalOcean, clique no botão "Create" no canto superior direito da tela e selecione "Droplets" no menu suspenso.

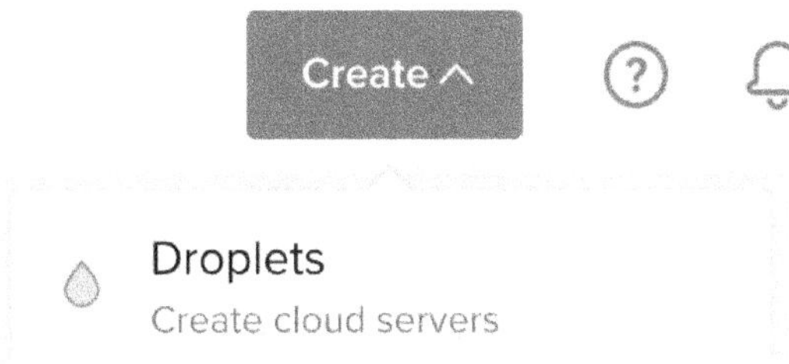

3. Selecione uma região de datacenter com base em suas necessidades, por exemplo, mais próxima de sua localização.

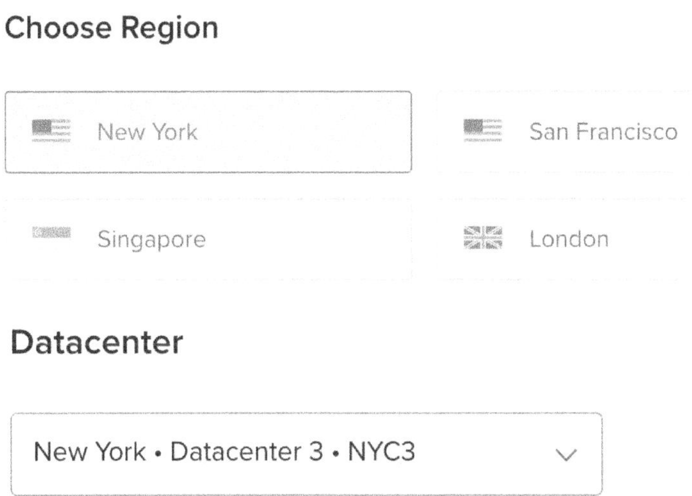

4. Em "Choose an image", selecione a versão mais recente do Ubuntu Linux LTS (por exemplo, Ubuntu 24.04) na lista de imagens disponíveis.

5. Escolha um plano para seu servidor. Você pode selecionar entre várias opções com base em suas necessidades. Para uma VPN pessoal, um plano básico de CPU compartilhada com disco SSD regular e 1 GB de memória provavelmente é suficiente.

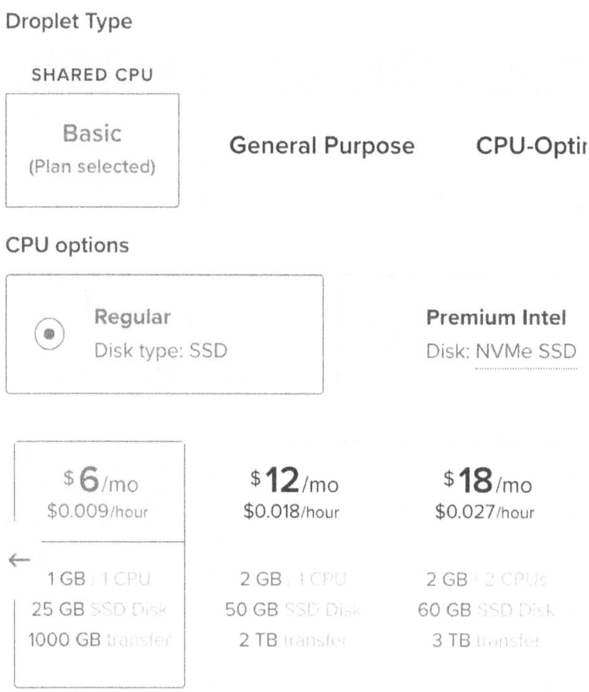

6. Selecione "Password" como método de autenticação, então insira uma senha root forte e segura. Para a segurança do seu servidor, é crucial que você escolha uma senha root forte e segura. Como alternativa, você pode usar chaves SSH para autenticação.

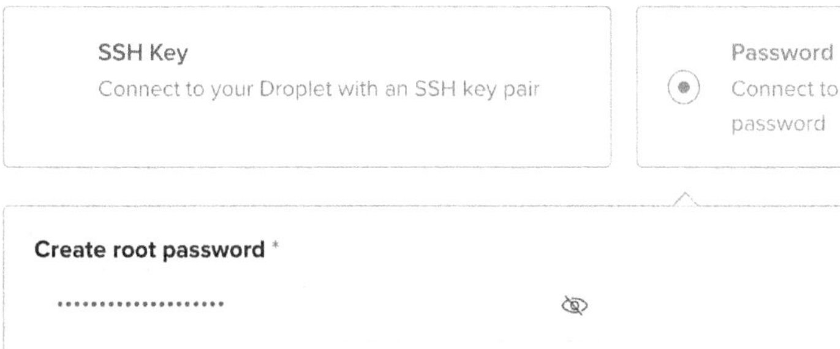

7. Selecione quaisquer opções adicionais, como backups e IPv6, se desejar.

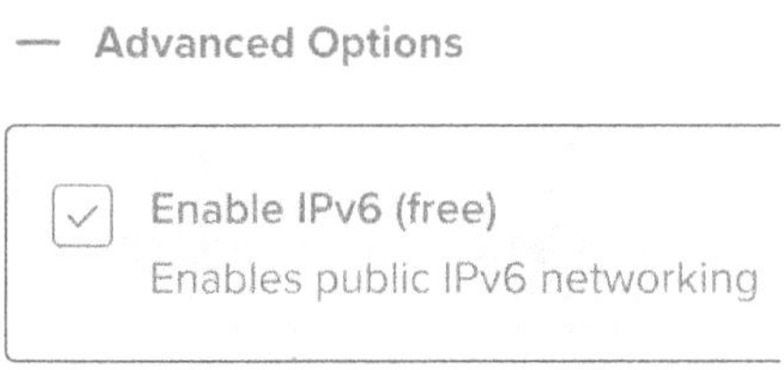

8. Insira um nome de host para seu servidor e clique em "Create Droplet".

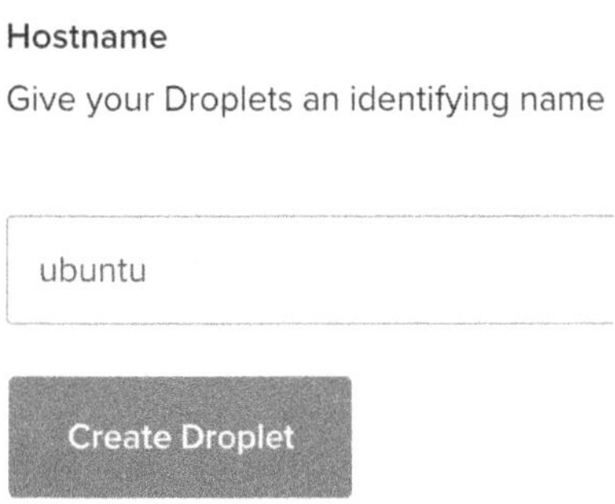

9. Aguarde alguns minutos para que o servidor seja criado.

Quando seu servidor estiver pronto, você pode fazer login via SSH usando o nome de usuário `root` e a senha que você digitou ao criar o servidor. Veja o Capítulo 3 para mais detalhes.

2.2 Crie um servidor no Vultr

1. Crie uma conta no Vultr: Acesse o site do Vultr (https://www.vultr.com) e crie uma conta, caso ainda não tenha feito isso.

2. Depois de fazer login no painel do Vultr, clique no botão "Deploy" e selecione "Deploy New Server".

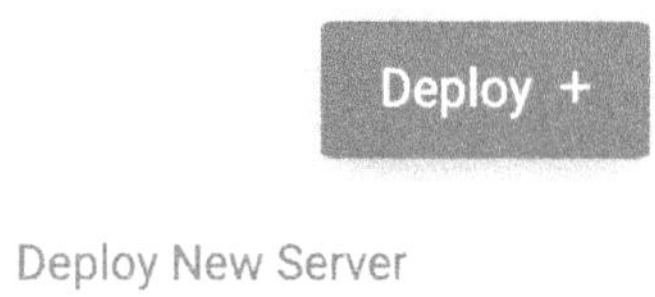

3. Escolha um tipo de plano para seu servidor. Você pode selecionar entre várias opções com base em suas necessidades. Para uma VPN pessoal, um plano de CPU compartilhada de computação em nuvem provavelmente é suficiente.

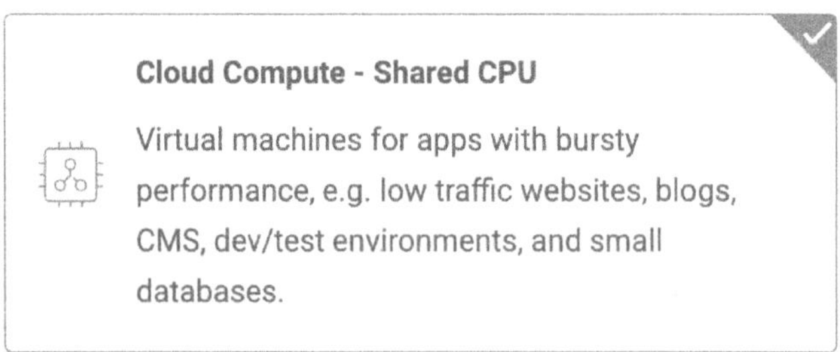

4. Escolha um local de servidor com base em suas necessidades, por exemplo, o mais próximo de sua localização.

5. Selecione a versão mais recente do Ubuntu Linux LTS (por exemplo, Ubuntu 24.04) como a imagem do servidor.

6. Selecione o tamanho de servidor desejado com base em suas necessidades. Para uma VPN pessoal, 1 GB de memória provavelmente é suficiente.

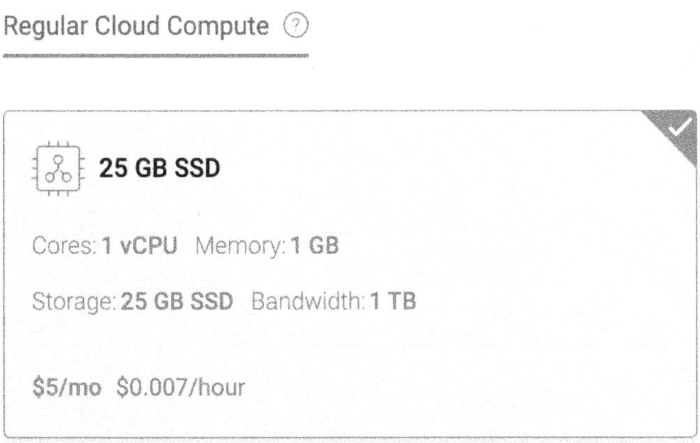

7. Escolha quaisquer opções adicionais necessárias, como IPv6.

8. Insira um nome de host e um rótulo para o servidor.

9. Clique em "Deploy Now".

10. Aguarde alguns minutos para que o servidor seja criado.

Quando seu servidor estiver pronto, você pode fazer login via SSH usando o nome de usuário `root` e a senha fornecida no painel de controle do Vultr. Veja o Capítulo 3 para mais detalhes.

2.3 Crie um servidor no Linode

1. Crie uma conta no Linode: Acesse o site do Akamai Linode (https://www.linode.com) e crie uma conta, caso ainda não tenha feito isso.

2. Depois de fazer login no painel do Akamai Linode, clique no botão "Create" no canto superior esquerdo da tela e selecione "Linode" no menu suspenso.

3. Selecione a versão mais recente do Ubuntu Linux LTS (por exemplo, Ubuntu 24.04) como a imagem do servidor.

4. Escolha uma região onde você quer que seu servidor esteja localizado e selecione um plano com base em suas necessidades. Para uma VPN pessoal, um plano de CPU compartilhada de 1 GB provavelmente é suficiente.

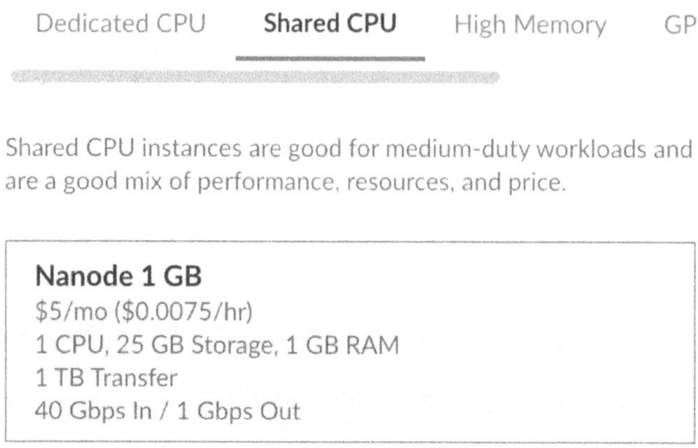

5. Insira uma senha root forte e segura para autenticação. Para a segurança do seu servidor, é crucial que você escolha uma senha root forte e segura. Além disso, você também tem a opção de usar chaves SSH para autenticação.

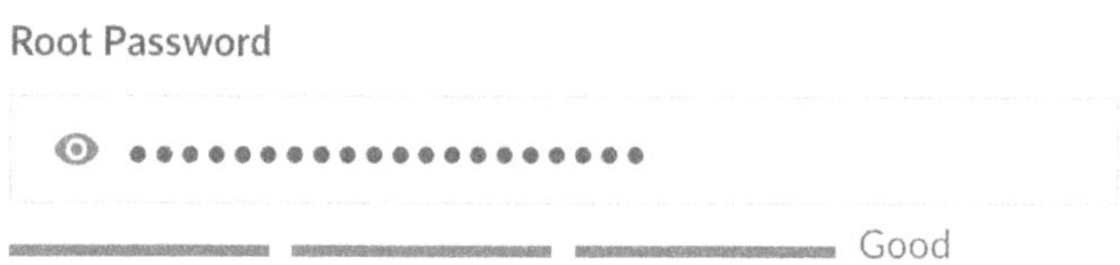

6. Selecione quaisquer opções adicionais necessárias, como backups.

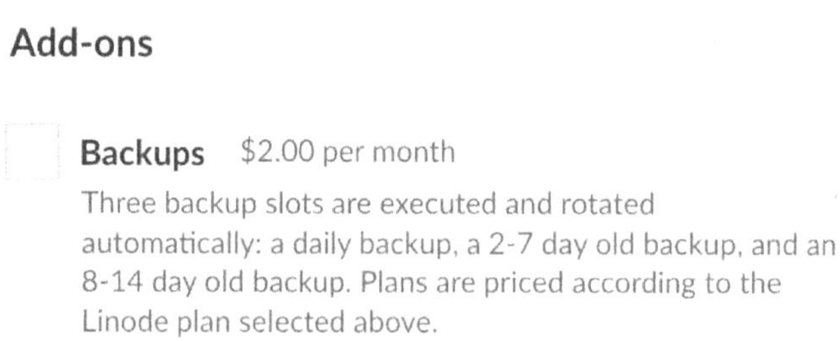

7. Clique no botão "Create Linode".

8. Aguarde alguns minutos para que o servidor seja criado.

Quando seu servidor estiver pronto, você pode fazer login via SSH usando o nome de usuário `root` e a senha que você digitou ao criar o servidor. Veja o Capítulo 3 para mais detalhes.

2.4 Crie um servidor no OVH

1. Acesse o site do OVH VPS: https://www.ovhcloud.com/en/vps/

2. Escolha um plano para seu servidor. Para uma VPN pessoal, um plano "starter" ou "value" provavelmente é suficiente. Clique no botão "Order now" ao lado do plano VPS que você deseja usar.

3. Selecione "Distribution only" e, em seguida, selecione a versão mais recente do Ubuntu Linux LTS (por exemplo, Ubuntu 24.04) como sistema operacional.

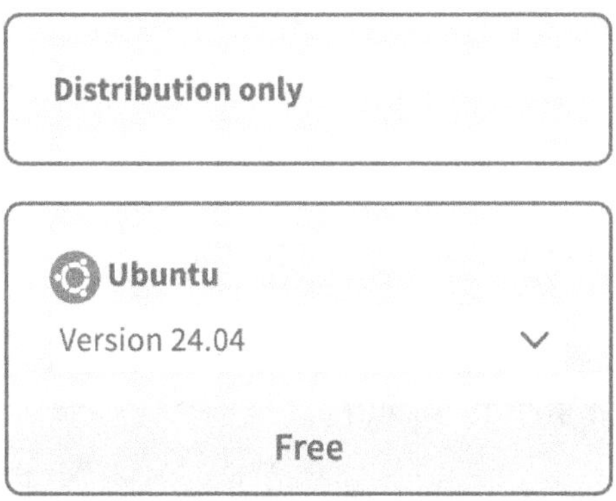

4. Escolha o local do data center onde você deseja que seu servidor fique localizado.

5. Selecione quaisquer opções adicionais necessárias, como instantâneos.

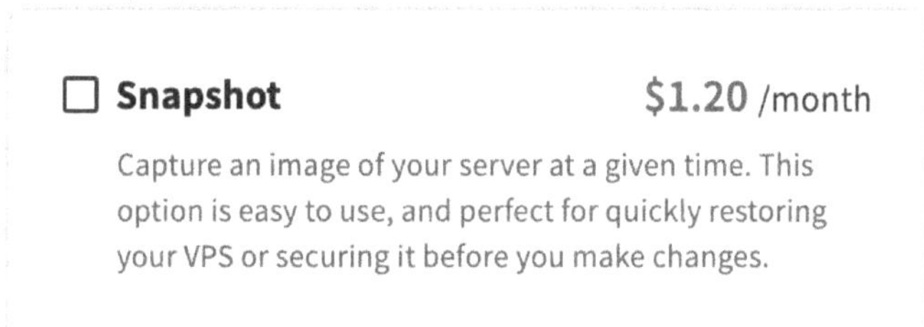

6. Revise seu pedido e clique no botão "Login and pay".

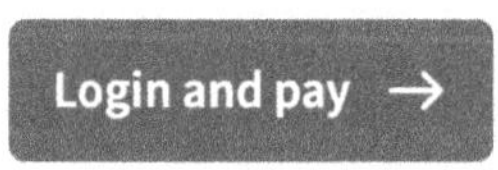

7. Entre na sua conta do OVH ou crie uma nova conta se ainda não tiver uma.
8. Confirme seu pedido e efetue o pagamento.
9. Aguarde até que seu servidor seja provisionado. Esse processo pode levar alguns minutos.

Quando seu servidor estiver pronto, você pode fazer login via SSH usando o nome de usuário `root` e a senha fornecida no seu e-mail da OVH. Veja o Capítulo 3 para mais detalhes.

3 Configure o servidor VPN

Depois que seu servidor de nuvem ou servidor virtual privado (VPS) for criado, siga as instruções neste capítulo para se conectar ao seu servidor usando SSH, atualizar o sistema operacional e instalar o WireGuard, OpenVPN e/ou IPsec VPN com IKEv2.

3.1 Conecte-se ao servidor usando SSH

Depois que seu servidor de nuvem for criado, você pode acessá-lo via SSH. Você pode usar o terminal em seu computador local ou uma ferramenta como Git para Windows para se conectar ao seu servidor usando seu endereço de IP e suas credenciais de login root.

Para se conectar ao seu servidor usando SSH no Windows, macOS ou Linux, siga as etapas abaixo:

1. Abra o terminal em seu computador. No Windows, você pode usar um emulador de terminal como o Git para Windows.

   Git para Windows: https://git-scm.com/downloads
   Baixe a versão portátil e clique duas vezes para instalar. Quando terminar, abra a pasta `PortableGit` e clique duas vezes para executar `git-bash.exe`.

2. Digite o seguinte comando, substituindo `username` pelo seu nome de usuário (por exemplo, `root`) e `server-ip` pelo endereço de IP ou nome do host do seu servidor:

```
ssh username@server-ip
```

3. Se esta for sua primeira vez se conectando ao servidor, você pode ser solicitado a aceitar a impressão digital da chave SSH do servidor. Digite "yes" e pressione enter para continuar.

4. Se você estiver usando uma senha para fazer login, será solicitado que você insira sua senha. Digite sua senha e pressione enter.

5. Se esta for sua primeira vez se conectando ao servidor, e você for solicitado a alterar a senha root, insira uma nova senha forte e segura. Caso contrário, pule esta etapa. Para a segurança do seu servidor, é crucial que você escolha uma senha root forte e segura.

6. Após a autenticação, você será conectado ao servidor via SSH.

7. Agora você pode executar comandos no servidor através do terminal.

8. Para desconectar do servidor, basta digitar o comando `exit` e pressionar enter.

3.2 Atualize o servidor

Após conectar-se ao servidor usando SSH, você pode atualizá-lo executando os seguintes comandos e reinicializando. Isso é opcional, mas recomendado.

```
sudo apt update && sudo apt -y upgrade
sudo reboot
```

As melhores práticas de segurança do servidor Linux recomendam que você atualize regularmente o sistema operacional do seu servidor para mantê-lo atualizado com os patches e atualizações de segurança mais recentes.

3.3 Instale o WireGuard

GitHub: https://github.com/hwdsl2/wireguard-install

Primeiro, conecte-se ao seu servidor usando SSH.

Baixe o script de instalação do WireGuard:

```
wget https://get.vpnsetup.net/wg -O wg.sh
```

Opção 1: Instale automaticamente o WireGuard usando as opções padrão.

```
sudo bash wg.sh --auto
```

Para servidores com firewall externo (por exemplo, Amazon EC2), abra a porta UDP 51820 para a VPN.

Exemplo de saída:

```
$ sudo bash wg.sh --auto

WireGuard Script
https://github.com/hwdsl2/wireguard-install


Starting WireGuard setup using default options.


Server IP: 192.0.2.1
Port: UDP/51820
Client name: client
Client DNS: Google Public DNS
```

```
Installing WireGuard, please wait...
+ apt-get -yqq update
+ apt-get -yqq install wireguard qrencode
+ systemctl enable --now wg-iptables.service
+ systemctl enable --now wg-quick@wg0.service

 -------------------------------------
| QR code para configuração do cliente |
 -------------------------------------
↑ That is a QR code containing the client configuration.

Finished!

The client configuration is available in: /root/client.conf
New clients can be added by running this script again.
```

Após a configuração, você pode executar o script novamente para gerenciar usuários ou desinstalar o WireGuard. Veja o Capítulo 5 para mais detalhes.

Próximos passos: Faça seu computador ou dispositivo usar a VPN. Veja:

4.2 Configure clientes VPN WireGuard

Aproveite sua própria VPN!

Opção 2: Instalação interativa usando opções personalizadas.

```
sudo bash wg.sh
```

Você pode personalizar as seguintes opções: nome DNS do servidor VPN, porta UDP, servidor DNS para clientes VPN e nome do primeiro cliente.

Etapas de exemplo (substitua pelos seus próprios valores):

Observação: Essas opções podem mudar em versões mais recentes do script. Leia com atenção antes de selecionar a opção desejada.

```
$ sudo bash wg.sh

Welcome to this WireGuard server installer!
GitHub: https://github.com/hwdsl2/wireguard-install

I need to ask you a few questions before starting setup. You can use the default options and just press enter if you are OK with them.
```

Digite o nome DNS do servidor VPN:

```
Do you want WireGuard VPN clients to connect to this server using a DNS name, e.g. vpn.example.com, instead of its IP address? [y/N] y

Enter the DNS name of this VPN server:
vpn.example.com
```

Selecione uma porta UDP para o WireGuard:

```
Which port should WireGuard listen to?
Port [51820]:
```

Forneça um nome para o primeiro cliente:

```
Enter a name for the first client:
Name [client]:
```

Selecione os servidores DNS:

```
Select a DNS server for the client:
   1) Current system resolvers
   2) Google Public DNS
   3) Cloudflare DNS
   4) OpenDNS
   5) Quad9
   6) AdGuard DNS
   7) Custom
DNS server [2]:
```

Confirme e inicie a instalação do WireGuard:

```
WireGuard installation is ready to begin.
Do you want to continue? [Y/n]
```

Usuários avançados também podem instalar automaticamente o WireGuard usando opções personalizadas. Para mais detalhes, execute:

```
sudo bash wg.sh -h
```

Após a configuração, você pode executar o script novamente para gerenciar usuários ou desinstalar o WireGuard. Veja o Capítulo 5 para mais detalhes.

Próximos passos: Faça seu computador ou dispositivo usar a VPN. Veja:

4.2 Configure clientes VPN WireGuard

Aproveite sua própria VPN!

3.4 Instale o OpenVPN

GitHub: https://github.com/hwdsl2/openvpn-install

Primeiro, conecte-se ao seu servidor usando SSH.

Baixe o script de instalação do OpenVPN:

```
wget https://get.vpnsetup.net/ovpn -O ovpn.sh
```

Opção 1: Instalar automaticamente o OpenVPN usando as opções padrão.

```
sudo bash ovpn.sh --auto
```

Para servidores com firewall externo (por exemplo, Amazon EC2), abra a porta UDP 1194 para a VPN.

Exemplo de saída:

```
$ sudo bash ovpn.sh --auto

OpenVPN Script
https://github.com/hwdsl2/openvpn-install

Starting OpenVPN setup using default options.

Server IP: 192.0.2.1
Port: UDP/1194
Client name: client
Client DNS: Google Public DNS

Installing OpenVPN, please wait...
+ apt-get -yqq update
+ apt-get -yqq --no-install-recommends install \
  openvpn
```

```
+ apt-get -yqq install openssl ca-certificates
+ ./easyrsa --batch init-pki
+ ./easyrsa --batch build-ca nopass
+ ./easyrsa --batch --days=3650 build-server-full \
  server nopass
+ ./easyrsa --batch --days=3650 build-client-full \
  client nopass
+ ./easyrsa --batch --days=3650 gen-crl
+ openvpn --genkey --secret \
  /etc/openvpn/server/tc.key
+ systemctl enable --now openvpn-iptables.service
+ systemctl enable --now \
  openvpn-server@server.service

Finished!

The client configuration is available in:
/root/client.ovpn
New clients can be added by running this script
again.
```

Após a configuração, você pode executar o script novamente para gerenciar usuários ou desinstalar o OpenVPN. Veja o Capítulo 5 para mais detalhes.

Próximos passos: Faça seu computador ou dispositivo usar a VPN. Veja:

4.3 Configure clientes OpenVPN

Aproveite sua própria VPN!

Opção 2: Instalação interativa usando opções personalizadas.

```
sudo bash ovpn.sh
```

Você pode personalizar as seguintes opções: nome DNS do servidor VPN, protocolo (TCP/UDP) e porta, servidor DNS para clientes VPN e nome do primeiro cliente.

Etapas de exemplo (substitua pelos seus próprios valores):

Observação: Essas opções podem mudar em versões mais recentes do script. Leia com atenção antes de selecionar a opção desejada.

```
$ sudo bash ovpn.sh

Welcome to this OpenVPN server installer!
GitHub: https://github.com/hwdsl2/openvpn-install

I need to ask you a few questions before starting setup. You can use the default options and just press enter if you are OK with them.
```

Digite o nome DNS do servidor VPN:

```
Do you want OpenVPN clients to connect to this server using a DNS name, e.g. vpn.example.com, instead of its IP address? [y/N] y

Enter the DNS name of this VPN server:
vpn.example.com
```

Selecione o protocolo e a porta para OpenVPN:

```
Which protocol should OpenVPN use?
   1) UDP (recommended)
   2) TCP
Protocol [1]:
```

```
Which port should OpenVPN listen to?
Port [1194]:
```

Selecione os servidores DNS:

```
Select a DNS server for the clients:
   1) Current system resolvers
   2) Google Public DNS
   3) Cloudflare DNS
   4) OpenDNS
   5) Quad9
   6) AdGuard DNS
   7) Custom
DNS server [2]:
```

Forneça um nome para o primeiro cliente:

```
Enter a name for the first client:
Name [client]:
```

Confirme e inicie a instalação do OpenVPN:

```
OpenVPN installation is ready to begin.
Do you want to continue? [Y/n]
```

Usuários avançados também podem instalar automaticamente o OpenVPN usando opções personalizadas. Para mais detalhes, execute:

```
sudo bash ovpn.sh -h
```

Após a configuração, você pode executar o script novamente para gerenciar usuários ou desinstalar o OpenVPN. Veja o Capítulo 5 para mais detalhes.

Próximos passos: Faça seu computador ou dispositivo usar a VPN. Veja:

4.3 Configure clientes OpenVPN

Aproveite sua própria VPN!

3.5 Instale o VPN IPsec com IKEv2

GitHub: https://github.com/hwdsl2/setup-ipsec-vpn

Primeiro, conecte-se ao seu servidor usando SSH.

Baixe o script de instalação do IPsec VPN:

```
wget https://get.vpnsetup.net -O vpn.sh
```

Opção 1: Instalação automática usando as opções padrão.

```
sudo sh vpn.sh
```

Para servidores com firewall externo (por exemplo, Amazon EC2), abra as portas UDP 500 e 4500 para a VPN.

Exemplo de saída:

```
$ sudo sh vpn.sh

... ... (saída omitida)
================================================

IPsec VPN server is now ready for use!

Connect to your new VPN with these details:

Server IP: 192.0.2.1
```

```
IPsec PSK: [Seu PSK IPsec]
Username: vpnuser
Password: [Sua senha VPN]

Write these down. You'll need them to connect!

VPN client setup: https://vpnsetup.net/clients

================================================

================================================

IKEv2 setup successful. Details for IKEv2 mode:

VPN server address: 192.0.2.1
VPN client name: vpnclient

Client configuration is available at:
/root/vpnclient.p12 (for Windows & Linux)
/root/vpnclient.sswan (for Android)
/root/vpnclient.mobileconfig (for iOS & macOS)

Next steps: Configure IKEv2 clients. See:
https://vpnsetup.net/clients

================================================
```

Após a configuração, você pode executar `sudo ikev2.sh` para gerenciar clientes IKEv2. Veja o Capítulo 5 para mais detalhes.

Próximos passos: Faça seu computador ou dispositivo usar a VPN. Veja:

4.4 Configure clientes VPN IKEv2

Aproveite sua própria VPN!

Opção 2: Instalação interativa usando opções personalizadas.

```
sudo VPN_SKIP_IKEV2=yes sh vpn.sh
sudo ikev2.sh
```

Você pode personalizar as seguintes opções: nome DNS do servidor VPN, nome e período de validade do primeiro cliente, servidor DNS para clientes VPN e se os arquivos de configuração do cliente devem ser protegidos com senha.

Etapas de exemplo (substitua pelos seus próprios valores):

Observação: Essas opções podem mudar em versões mais recentes do script. Leia com atenção antes de selecionar a opção desejada.

```
$ sudo VPN_SKIP_IKEV2=yes sh vpn.sh
... ... (saída omitida)

$ sudo ikev2.sh

Welcome! Use this script to set up IKEv2 on your VPN server.

I need to ask you a few questions before starting setup. You can use the default options and just press enter if you are OK with them.
```

Digite o nome DNS do servidor VPN:

```
Do you want IKEv2 clients to connect to this server
using a DNS name, e.g. vpn.example.com, instead of
its IP address? [y/N] y

Enter the DNS name of this VPN server:
vpn.example.com
```

Insira o nome e o período de validade do primeiro cliente:

```
Provide a name for the IKEv2 client.
Use one word only, no special characters except '-'
and '_'.
Client name: [vpnclient]

Specify the validity period (in months) for this
client certificate.
Enter an integer between 1 and 120: [120]
```

Especifique os servidores DNS personalizados:

```
By default, clients are set to use Google Public DNS
when the VPN is active.
Do you want to specify custom DNS servers for IKEv2?
[y/N] y

Enter primary DNS server: 1.1.1.1
Enter secondary DNS server (Enter to skip): 1.0.0.1
```

Selecione se deseja proteger com senha os arquivos de configuração do cliente:

```
IKEv2 client config files contain the client
certificate, private key and CA certificate. This
script can optionally generate a random password to
protect these files.
```

```
Protect client config files using a password? [y/N]
```

Revise e confirme as opções de instalação:

```
We are ready to set up IKEv2 now.
Below are the setup options you selected.

==================================

Server address: vpn.example.com
Client name: vpnclient

Client cert valid for: 120 months
MOBIKE support: Not available
Protect client config: No
DNS server(s): 1.1.1.1 1.0.0.1

==================================

Do you want to continue? [Y/n]
```

Após a configuração, você pode executar `sudo ikev2.sh` para gerenciar clientes IKEv2. Veja o Capítulo 5 para mais detalhes.

Próximos passos: Faça seu computador ou dispositivo usar a VPN. Veja:

4.4 Configure clientes VPN IKEv2

Aproveite sua própria VPN!

3.6 Desinstalar a VPN

Se você deseja remover o WireGuard, OpenVPN e/ou IPsec VPN do servidor, siga estes passos.

Aviso: Todas as configurações da VPN serão **excluídas permanentemente**. Isso **não pode ser desfeito**!

Primeiro, conecte-se ao seu servidor usando SSH.

Para desinstalar o WireGuard, execute:

```
sudo bash wg.sh
```

Você verá as seguintes opções:

```
WireGuard is already installed.

Select an option:
 1) Add a new client
 2) List existing clients
 3) Remove an existing client
 4) Show QR code for a client
 5) Remove WireGuard
 6) Exit
```

Selecione a opção 5 no menu, digitando 5 e pressionando enter. Em seguida, confirme a remoção do WireGuard.

Observação: Essas opções podem mudar em versões mais recentes do script. Leia com atenção antes de selecionar a opção desejada.

Para desinstalar o OpenVPN, execute:

```
sudo bash ovpn.sh
```

Você verá as seguintes opções:

```
OpenVPN is already installed.

Select an option:
  1) Add a new client
  2) Export config for an existing client
  3) List existing clients
  4) Revoke an existing client
  5) Remove OpenVPN
  6) Exit
```

Selecione a opção 5 no menu, digitando 5 e pressionando enter. Em seguida, confirme a remoção do OpenVPN.

Para desinstalar o IPsec VPN, baixe e execute o script auxiliar:

```
wget https://get.vpnsetup.net/unst -O unst.sh
sudo bash unst.sh
```

Quando solicitado, confirme a remoção da VPN IPsec.

4 Configure os clientes VPN

Neste capítulo, você aprenderá como transferir arquivos de configuração do cliente do servidor VPN para o seu computador local e configurar clientes VPN WireGuard, OpenVPN e IKEv2 no Windows, macOS, Android e iOS.

4.1 Transfira arquivos do servidor

Ao configurar clientes VPN, você pode precisar transferir com segurança os arquivos de configuração do cliente do servidor para seu computador local. Uma maneira de fazer isso é usando o comando `scp`. Etapas de exemplo:

1. Abra o terminal em seu computador. No Windows, você pode usar um emulador de terminal como o Git para Windows.

   Git para Windows: https://git-scm.com/downloads
   Baixe a versão portátil e clique duas vezes para instalar. Quando terminar, abra a pasta `PortableGit` e clique duas vezes para executar `git-bash.exe`.

2. Digite o comando a seguir, substituindo `username` pelo seu nome de usuário SSH (por exemplo, `root`), `server-ip` pelo endereço de IP ou nome do host do seu servidor, `/path/to/file` pelo caminho para o arquivo no servidor e `/local/folder` pela pasta local onde você deseja salvar o arquivo.

   ```
   scp username@server-ip:/path/to/file /local/folder
   ```

3. Por exemplo, se você quiser se autenticar como `root` e transferir `/root/client.conf` do servidor com endereço de IP `192.0.2.1` para a pasta de trabalho atual no computador local:

   ```
   scp root@192.0.2.1:/root/client.conf ./
   ```

   Observação: Se estiver usando o Git para Windows, a pasta local `/` geralmente aponta para a pasta de instalação, por exemplo, `PortableGit`.

4. Se você estiver usando uma senha para fazer login, será solicitado que você insira sua senha. Digite sua senha e pressione enter.

5. O arquivo será então transferido do servidor e salvo na pasta local que você especificou.

4.2 Configure clientes VPN WireGuard

Os clientes VPN WireGuard estão disponíveis para Windows, macOS, iOS e Android:
https://www.wireguard.com/install/

Para adicionar uma conexão VPN, abra o WireGuard App no seu dispositivo móvel, toque no botão "Adicionar" e escaneie o QR code gerado na saída do script. Para Windows e macOS, primeiro transfira com segurança o arquivo `.conf` gerado para o seu computador, depois abra o WireGuard e importe o arquivo.

Para gerenciar clientes VPN WireGuard, execute o script de instalação novamente: `sudo bash wg.sh`. Veja o Capítulo 5 para mais detalhes.

- Plataformas
  - Windows
  - macOS
  - Android
  - iOS (iPhone/iPad)

Clientes VPN WireGuard:
https://www.wireguard.com/install/

4.2.1 Windows

1. Transfira com segurança o arquivo `.conf` gerado para o seu computador.
2. Instale e inicie o cliente VPN **WireGuard**.
3. Clique em **Import tunnel(s) from file**.
4. Navegue até o arquivo `.conf` e selecione-o, depois clique em **Abrir**.
5. Clique em **Activate**.

4.2.2 macOS

1. Transfira com segurança o arquivo `.conf` gerado para o seu computador.
2. Instale e inicie o aplicativo **WireGuard** na **App Store**.
3. Clique em **Import tunnel(s) from file**.
4. Navegue até o arquivo `.conf` e selecione-o, depois clique em **Open**.
5. Clique em **Activate**.

4.2.3 Android

1. Instale e inicie o aplicativo **WireGuard** do **Google Play**.
2. Toque no botão "+" e depois em **Ler codigo QR**.

3. Escaneie o QR code gerado na saída do script VPN.
4. Digite o que quiser em **Nome do túnel**.
5. Toque em **Criar túnel**.
6. Deslize o interruptor para LIGADO para o novo perfil VPN.

4.2.4 iOS (iPhone/iPad)

1. Instale e inicie o aplicativo **WireGuard** na **App Store**.
2. Toque em **Add a tunnel** e depois em **Create from QR code**.
3. Escaneie o QR code gerado na saída do script VPN.
4. Digite o que quiser para o nome do túnel.
5. Toque em **Save**.
6. Deslize o interruptor para LIGADO para o novo perfil VPN.

4.3 Configure clientes OpenVPN

Os clientes OpenVPN (https://openvpn.net/vpn-client/) estão disponíveis para Windows, macOS, iOS e Android. Usuários do macOS também podem usar o Tunnelblick (https://tunnelblick.net).

Para adicionar uma conexão VPN, primeiro transfira com segurança o arquivo `.ovpn` gerado para o seu dispositivo, depois abra o aplicativo OpenVPN e importe o perfil VPN.

Para gerenciar clientes OpenVPN, execute o script de instalação novamente: `sudo bash ovpn.sh`. Veja o Capítulo 5 para mais detalhes.

- Plataformas

- Windows
- macOS
- Android
- iOS (iPhone/iPad)

Clientes OpenVPN: https://openvpn.net/vpn-client/

4.3.1 Windows

1. Transfira com segurança o arquivo `.ovpn` gerado para o seu computador.
2. Instale e inicie o cliente VPN **OpenVPN Connect**.
3. Na tela **Get connected**, clique na aba **Upload file**.
4. Arraste e solte o arquivo `.ovpn` na janela ou navegue até ele e selecione-o, depois clique em **Abrir**.
5. Clique em **Connect**.

4.3.2 macOS

1. Transfira com segurança o arquivo `.ovpn` gerado para o seu computador.
2. Instale e inicie o Tunnelblick (https://tunnelblick.net).
3. Na tela de boas-vindas, clique em **Eu tenho arquivos de configuração**.
4. Na tela **Adicionar uma configuração**, clique em **OK**.
5. Clique no ícone Tunnelblick na barra de menu e selecione **Detalhes da VPN**.
6. Arraste e solte o arquivo `.ovpn` na janela **Configurações** (painel esquerdo).
7. Siga as instruções na tela para instalar o perfil OpenVPN.
8. Clique em **Conectar**.

4.3.3 Android

1. Transfira com segurança o arquivo `.ovpn` gerado para o seu dispositivo Android.
2. Instale e inicie o **OpenVPN Connect** no **Google Play**.
3. Na tela **Get connected**, toque na aba **Upload file**.
4. Toque em **Browse**, depois navegue até o arquivo `.ovpn` e selecione-o.
   Observação: Para encontrar o arquivo `.ovpn`, toque no botão de menu de três linhas e navegue até o local onde você salvou o arquivo.
5. Na tela **Imported Profile**, toque em **Connect**.

4.3.4 iOS (iPhone/iPad)

Primeiro, instale e inicie o **OpenVPN Connect** da **App Store**. Em seguida, transfira com segurança o arquivo `.ovpn` gerado para seu dispositivo iOS. Para transferir o arquivo, você pode:

1. Fazer um AirDrop do arquivo e abrir com OpenVPN, ou
2. Fazer upload para seu dispositivo (pasta do aplicativo OpenVPN) usando o compartilhamento de arquivos (https://support.apple.com/pt-br/119585), inicie o aplicativo OpenVPN Connect e toque na aba **File**.

Quando terminar, toque em **Add** para importar o perfil VPN e depois toque em **Connect**.

Para personalizar as configurações do aplicativo OpenVPN Connect, toque no botão de menu de três linhas e depois toque em **Settings**.

4.4 Configure clientes VPN IKEv2

O IKEv2 é suportado nativamente pelo Windows, macOS, iOS e Chrome OS. Não há software adicional para instalar. Usuários do Android podem usar o cliente VPN strongSwan gratuitamente.

Para gerenciar clientes IKEv2, execute `sudo ikev2.sh` no seu servidor. Veja o Capítulo 5 para mais detalhes.

- Plataformas
  - Windows
  - macOS
  - Android
  - iOS (iPhone/iPad)
  - Chrome OS (Chromebook)

4.4.1 Windows

4.4.1.1 Importar configuração automaticamente

Screencast: Importar automaticamente a configuração IKEv2 no Windows
Assista no YouTube: https://youtu.be/H8-S35OgoeE

Usuários do Windows 8, 10 e 11+ podem importar automaticamente a configuração IKEv2:

1. Transfira com segurança o arquivo `.p12` gerado para o seu computador.
2. Baixe ikev2_config_import.cmd (https://github.com/hwdsl2/vpn-extras/releases/latest/download/ikev2_config_import.c

md) e salve este script auxiliar na **mesma pasta** do arquivo `.p12`.

3. Clique com o botão direito no script salvo, selecione **Propriedades**. Clique em **Desbloquear** na parte inferior e, em seguida, clique em **OK**.
4. Clique com o botão direito do mouse no script salvo, selecione **Executar como administrador** e siga as instruções.

Para conectar-se à VPN: Clique no ícone de rede sem fio/rede na bandeja do sistema, selecione a nova entrada VPN e clique em **Conectar**. Depois de conectado, você pode verificar se seu tráfego está sendo roteado corretamente procurando seu endereço de IP no Google. Ele deve dizer "Seu endereço de IP público é `IP do seu servidor VPN`".

4.4.1.2 Importar configuração manualmente

Screencast: Importar manualmente a configuração IKEv2 no Windows
Assista no YouTube: https://youtu.be/-CDnvh58EJM

Como alternativa, usuários do Windows 8, 10 e 11+ podem importar manualmente a configuração do IKEv2:

1. Transfira com segurança o arquivo `.p12` gerado para o seu computador e importe-o para o repositório de certificados. Para importar o arquivo `.p12`, execute o seguinte em um prompt de comando elevado:

```
# Importar arquivo .p12 (substitua pelo
# seu próprio valor)
certutil -f -importpfx \
  "\path\to\your\file.p12" NoExport
```

Observação: Ao solicitar a senha, pressione enter para continuar.

2. No computador Windows, adicione uma nova conexão VPN IKEv2. Execute o seguinte em um prompt de comando:

```
# Crie uma conexão VPN (substitua o endereço
# do servidor pelo seu próprio valor)
powershell -command ^"Add-VpnConnection ^
  -ServerAddress 'IP do seu servidor VPN' ^
  -Name 'My IKEv2 VPN' -TunnelType IKEv2 ^
  -AuthenticationMethod MachineCertificate ^
  -EncryptionLevel Required -PassThru^"

# Defina a configuração de IPsec
powershell -command ^
  ^"Set-VpnConnectionIPsecConfiguration ^
  -ConnectionName 'My IKEv2 VPN' ^
  -AuthenticationTransformConstants GCMAES128 ^
  -CipherTransformConstants GCMAES128 ^
  -EncryptionMethod AES256 ^
  -IntegrityCheckMethod SHA256 -PfsGroup None ^
  -DHGroup Group14 -PassThru -Force^"
```

Para conectar-se à VPN: Clique no ícone de rede sem fio/rede na bandeja do sistema, selecione a nova entrada VPN e clique em **Conectar**. Depois de conectado, você pode verificar se seu tráfego está sendo roteado corretamente procurando seu endereço de IP no Google. Ele deve dizer "Seu endereço de IP público é `IP do seu servidor VPN`".

4.4.1.3 Remover a conexão VPN

Usando os passos a seguir, você pode remover a conexão VPN e, opcionalmente, restaurar o computador ao estado anterior à importação da configuração IKEv2.

1. Acesse Configurações do Windows -> Rede e Internet -> VPN e remova a conexão VPN adicionada.

2. (Opcional) Remova os certificados IKEv2.

3. Pressione Win+R e digite `certlm.msc` ou pesquise `certlm.msc` no menu Iniciar. Abra `Certificados - Computador Local`.

4. Acesse `Pessoal -> Certificados` e exclua o certificado de cliente IKEv2. O nome do certificado é o mesmo que o nome do cliente IKEv2 especificado (padrão: `vpnclient`). O certificado foi emitido pela `IKEv2 VPN CA`.

5. Acesse `Autoridades de certificação de raiz fidedigna -> Certificados` e exclua o certificado da IKEv2 VPN CA. O certificado foi emitido para a `IKEv2 VPN CA` pela `IKEv2 VPN CA`. Antes de excluir, certifique-se de que não haja outros certificados emitidos pela `IKEv2 VPN CA` em `Pessoal -> Certificados`.

4.4.2 macOS

Screencast: Configuração de importação e conexão IKEv2 no macOS
Assista no YouTube: https://youtu.be/E2IZMUtR7kU

Primeiro, transfira com segurança o arquivo `.mobileconfig` gerado para o seu Mac, depois clique duas vezes e siga as instruções para importar como um perfil do macOS. Se o seu Mac executar o macOS Big Sur ou mais recente, abra as Ajustes do Sistema e vá para a seção Perfis para finalizar a importação. Para o macOS Ventura e mais recente, abra Ajustes do Sistema e pesquise por Perfis. Quando terminar, verifique se "IKEv2 VPN" está listado em Ajustes do Sistema -> Perfis.

Para conectar-se à VPN:

1. Abra as Ajustes do Sistema e vá para a seção Rede.
2. Selecione a conexão VPN com `IP do seu servidor VPN`.
3. Marque a caixa de seleção **Mostrar estado da VPN na barra de menus**. Para macOS Ventura e mais recentes, essa configuração pode ser configurada em Ajustes do Sistema -> Central de Controle -> Apenas na Barra de Menus.
4. Clique em **Conectar** ou deslize o botão VPN para LIGADO.

(Recurso opcional) Habilite **Conectar sob demanda** para iniciar automaticamente uma conexão VPN quando seu Mac estiver em Wi-Fi. Para habilitar, marque a caixa de seleção **Conectar sob demanda** para a conexão VPN e clique em **Aplicar**. Para encontrar essa configuração no macOS Ventura e mais recentes, clique no ícone "i" à direita da conexão VPN.

Uma vez conectado, você pode verificar se seu tráfego está sendo roteado corretamente procurando seu endereço de IP no Google. Ele deve dizer "Seu endereço de IP público é `IP do seu servidor VPN`".

Para remover a conexão VPN, abra Ajustes do Sistema -> Perfis e remova o perfil VPN IKEv2 que você adicionou.

4.4.3 Android

4.4.3.1 Usando o cliente VPN strongSwan

Screencast: Conecte-se usando o cliente Android StrongSwan VPN
Assista no YouTube: https://youtu.be/i6j1N_7cI-w

Usuários do Android podem se conectar usando o cliente VPN strongSwan (recomendado).

1. Transfira com segurança o arquivo `.sswan` gerado para o seu dispositivo Android.
2. Instale o strongSwan VPN client do **Google Play**.
3. Inicie o strongSwan VPN client.
4. Toque no menu "mais opções" no canto superior direito e depois toque em **Import VPN profile**.
5. Escolha o arquivo `.sswan` que você transferiu do servidor VPN.
   Observação: Para encontrar o arquivo `.sswan`, toque no botão de menu de três linhas e navegue até o local onde salvou o arquivo.
6. Na tela "Import VPN profile", toque em **Import certificate from VPN profile** e siga as instruções.
7. Na tela "Selecione o certificado", selecione o novo certificado do cliente e toque em **Selecionar**.
8. Toque em **Import**.
9. Toque no novo perfil VPN para conectar.

(Recurso opcional) Você pode escolher habilitar o recurso "VPN sempre ligado" no Android. Abra o aplicativo **Configurações**, vá para Rede e Internet -> Avançado -> VPN, clique no ícone de engrenagem à direita de "strongSwan VPN Client", então habilite as opções **VPN sempre ligado** e **Bloquear conexões sem VPN**.

Uma vez conectado, você pode verificar se seu tráfego está sendo roteado corretamente procurando seu endereço de IP no Google. Ele deve dizer "Seu endereço de IP público é `IP do seu servidor VPN`".

4.4.3.2 Usando o cliente IKEv2 nativo

Screencast: Conecte-se usando o cliente VPN nativo no Android 11+
Assista no YouTube: https://youtu.be/Cai6k4GgkEE

Usuários do Android 11+ também podem se conectar usando o cliente IKEv2 nativo.

1. Transfira com segurança o arquivo `.p12` gerado para o seu dispositivo Android.
2. Abra o aplicativo **Configurações**.
3. Acesse Segurança -> Criptografia e credenciais.
4. Toque em **Instalar um certificado**.
5. Toque em **Certificado de usuário de VPN e aplicativo**.
6. Selecione o arquivo `.p12` que você transferiu do servidor VPN.
   Observação: Para encontrar o arquivo `.p12`, toque no botão de menu de três linhas e navegue até o local onde você salvou o arquivo.
7. Digite um nome para o certificado e toque em **OK**.

8. Acesse Configurações -> Rede e Internet -> VPN e toque no botão "+".
9. Insira um nome para o perfil VPN.
10. Selecione **IKEv2/IPSec RSA** no menu suspenso **Tipo**.
11. Insira `IP do seu servidor VPN` em **Endereço do servidor**.
12. Insira o que desejar em **Identificador do IPSec**.
    Observação: Este campo não deveria ser obrigatório. É um bug no Android.
13. Selecione o certificado importado no menu suspenso **Certificado de usuário IPSec**.
14. Selecione o certificado importado no menu suspenso **Certificado CA IPSec**.
15. Selecione **(Recebido do servidor)** no menu suspenso **Certificado do servidor de IPSec**.
16. Toque em **Salvar**. Em seguida, toque na nova conexão VPN e em **Conectar**.

Uma vez conectado, você pode verificar se seu tráfego está sendo roteado corretamente procurando seu endereço de IP no Google. Ele deve dizer "Seu endereço de IP público é `IP do seu servidor VPN`".

4.4.4 iOS (iPhone/iPad)

Screencast: Configuração de importação e conexão IKEv2 no iOS (iPhone e iPad)
Assista no YouTube:
https://youtube.com/shorts/Y5HuX7jk_Kc

Primeiro, transfira com segurança o arquivo `.mobileconfig` gerado para seu dispositivo iOS, depois importe-o como um perfil iOS. Para transferir o arquivo, você pode usar:

1. AirDrop, ou
2. Fazer upload para seu dispositivo (qualquer pasta de aplicativo) usando o compartilhamento de arquivos (https://support.apple.com/pt-br/119585), depois abra o aplicativo "Arquivos" no seu dispositivo iOS, mova o arquivo carregado para a pasta "No Meu iPhone". Depois disso, toque no arquivo e vá para o aplicativo "Ajustes" para importar, ou
3. Hospedar o arquivo em um site seguro, depois baixá-lo e importá-lo no Safari Mobile.

Quando terminar, verifique se "IKEv2 VPN" está listado em Ajustes -> Geral -> Gestão de VPN e Dispositivo ou Perfis.

Para conectar-se à VPN:

1. Vá para Ajustes -> VPN. Selecione a conexão VPN com `IP do seu servidor VPN`.
2. Deslize o interruptor **VPN** para LIGADO.

(Recurso opcional) Habilite **Conectar a Pedido** para iniciar automaticamente uma conexão VPN quando seu dispositivo iOS estiver em Wi-Fi. Para habilitar, toque no ícone "i" à direita da conexão VPN e habilite **Conectar a Pedido**.

Uma vez conectado, você pode verificar se seu tráfego está sendo roteado corretamente procurando seu endereço de IP no Google. Ele deve dizer "Seu endereço de IP público é `IP do seu servidor VPN`".

Para remover a conexão VPN, abra Ajustes -> Geral -> Gestão de VPN e Dispositivo ou Perfis e remova o perfil VPN IKEv2 que você adicionou.

4.4.5 Chrome OS (Chromebook)

Primeiro, no seu servidor VPN, exporte o certificado CA como `ca.cer`:

```
sudo certutil -L -d sql:/etc/ipsec.d \
  -n "IKEv2 VPN CA" -a -o ca.cer
```

Transfira com segurança os arquivos `.p12` e `ca.cer` gerados para seu dispositivo Chrome OS.

Instale os certificados de usuário e CA:

1. Abra uma nova aba no Google Chrome.
2. Na barra de endereço, digite: **chrome://settings/certificates**
3. **(Importante)** Clique em **Importar e vincular**, não em **Importar**.
4. Na caixa que se abre, escolha o arquivo `.p12` que você transferiu do servidor VPN e selecione **Abrir**.
5. Clique em **OK** se o certificado não tiver uma senha. Caso contrário, insira a senha do certificado.
6. Clique na aba **Autoridades**. Depois clique em **Importar**.
7. Na caixa que se abre, selecione **Todos os arquivos** no menu suspenso no canto inferior esquerdo.
8. Escolha o arquivo `ca.cer` que você transferiu do servidor VPN e selecione **Abrir**.
9. Mantenha as opções padrão e clique em **OK**.

Adicione uma nova conexão VPN:

1. Vá para Configurações -> Rede.
2. Clique em **Adicionar conexão** e depois em **Adicionar VPN integrada**.

3. Digite o que quiser em **Nome do serviço**.
4. Selecione **IPsec (IKEv2)** no menu suspenso **Tipo de provedor**.
5. Digite `IP do seu servidor VPN` para o **Nome do host do servidor**.
6. Selecione **Certificado do usuário** no menu suspenso **Tipo de autenticação**.
7. Selecione **IKEv2 VPN CA [IKEv2 VPN CA]** no menu suspenso **Certificado de CA do servidor**.
8. Selecione **IKEv2 VPN CA [nome do cliente]** no menu suspenso **Certificado do usuário**.
9. Deixe os outros campos em branco.
10. Habilite **Salvar identidade e senha**.
11. Clique em **Conectar**.

(Recurso opcional) Você pode escolher habilitar o recurso "VPN sempre ativa" no Chrome OS. Para gerenciar essa configuração, vá para Configurações -> Rede e clique em **VPN**.

Uma vez conectado, você verá um ícone de VPN sobreposto no ícone de status da rede. Você pode verificar se seu tráfego está sendo roteado corretamente procurando seu endereço de IP no Google. Ele deve dizer "Seu endereço de IP público é `IP do seu servidor VPN`".

5 Gerencie os clientes VPN

Depois de configurar o servidor VPN, você pode gerenciar clientes VPN WireGuard, OpenVPN e IKEv2 seguindo as instruções neste capítulo.

Por exemplo, você pode adicionar novos clientes VPN no servidor para seus computadores e dispositivos móveis adicionais, listar clientes VPN existentes ou exportar a configuração de um cliente existente.

5.1 Gerencie clientes VPN WireGuard

Para gerenciar clientes WireGuard VPN, primeiro conecte-se ao seu servidor usando SSH (veja o Capítulo 3) e depois execute:

```
sudo bash wg.sh
```

Você verá as seguintes opções:

```
WireGuard is already installed.

Select an option:
  1) Add a new client
  2) List existing clients
  3) Remove an existing client
  4) Show QR code for a client
  5) Remove WireGuard
  6) Exit
```

Você pode então inserir a opção desejada para adicionar, listar ou remover clientes VPN WireGuard.

Observação: Essas opções podem mudar em versões mais recentes do script. Leia com atenção antes de selecionar a opção desejada.

Alternativamente, você pode executar `wg.sh` com opções de linha de comando. Veja abaixo para detalhes.

5.1.1 Adicione um novo cliente

Para adicionar um novo cliente WireGuard VPN:

1. Selecione a opção 1 no menu, digitando 1 e pressionando enter.
2. Forneça um nome para o novo cliente.
3. Selecione um servidor DNS para o novo cliente, que será usado enquanto estiver conectado à VPN.

Alternativamente, você pode executar `wg.sh` com a opção `--addclient`. Use a opção `-h` para mostrar o uso.

```
sudo bash wg.sh --addclient [nome do cliente]
```

Próximos passos: Configure clientes VPN WireGuard. Veja Capítulo 4, seção 4.2 para mais detalhes.

5.1.2 Liste os clientes existentes

Selecione a opção 2 do menu, digitando 2 e pressionando enter. O script exibirá uma lista de clientes VPN WireGuard existentes.

Alternativamente, você pode executar `wg.sh` com a opção `--listclients`.

```
sudo bash wg.sh --listclients
```

5.1.3 Remova um cliente

Para remover um cliente VPN WireGuard existente:

1. Selecione a opção 3 no menu, digitando 3 e pressionando enter.
2. Na lista de clientes existentes, selecione o cliente que você deseja remover.
3. Confirme a remoção do cliente.

Alternativamente, você pode executar `wg.sh` com a opção `--removeclient`.

```
sudo bash wg.sh --removeclient [nome do cliente]
```

5.1.4 Mostre o QR code de um cliente

Para mostrar o QR code de um cliente existente:

1. Selecione a opção 4 no menu, digitando 4 e pressionando enter.
2. Na lista de clientes existentes, selecione o cliente que você deseja mostrar o QR code.

Alternativamente, você pode executar `wg.sh` com a opção `--showclientqr`.

```
sudo bash wg.sh --showclientqr [nome do cliente]
```

Você pode usar QR codes para configurar clientes VPN WireGuard para Android e iOS. Veja Capítulo 4, seção 4.2 para mais detalhes.

5.2 Gerencie clientes OpenVPN

Para gerenciar clientes OpenVPN, primeiro conecte-se ao seu servidor usando SSH (veja o Capítulo 3) e depois execute:

```
sudo bash ovpn.sh
```

Você verá as seguintes opções:

```
OpenVPN is already installed.

Select an option:
 1) Add a new client
 2) Export config for an existing client
 3) List existing clients
 4) Revoke an existing client
 5) Remove OpenVPN
 6) Exit
```

Você pode então inserir a opção desejada para adicionar, exportar, listar ou revogar clientes OpenVPN.

Observação: Essas opções podem mudar em versões mais recentes do script. Leia com atenção antes de selecionar a opção desejada.

Alternativamente, você pode executar `ovpn.sh` com opções de linha de comando. Veja abaixo para detalhes.

5.2.1 Adicione um novo cliente

Para adicionar um novo cliente OpenVPN:

1. Selecione a opção 1 no menu, digitando 1 e pressionando enter.
2. Forneça um nome para o novo cliente.

Alternativamente, você pode executar `ovpn.sh` com a opção `--addclient`. Use a opção `-h` para mostrar o uso.

```
sudo bash ovpn.sh --addclient [nome do cliente]
```

Próximos passos: Configure clientes OpenVPN. Veja Capítulo 4, seção 4.3 para mais detalhes.

5.2.2 Exporte um cliente existente

Para exportar a configuração do OpenVPN para um cliente existente:

1. Selecione a opção 2 no menu, digitando 2 e pressionando enter.
2. Na lista de clientes existentes, selecione o cliente que você deseja exportar.

Alternativamente, você pode executar `ovpn.sh` com a opção `--exportclient`.

```
sudo bash ovpn.sh --exportclient [nome do cliente]
```

5.2.3 Liste os clientes existentes

Selecione a opção 3 do menu, digitando 3 e pressionando enter. O script então exibirá uma lista de clientes OpenVPN existentes.

Alternativamente, você pode executar `ovpn.sh` com a opção `--listclients`.

```
sudo bash ovpn.sh --listclients
```

5.2.4 Revogue um cliente

Em certas circunstâncias, pode ser necessário revogar um certificado de cliente OpenVPN gerado anteriormente.

1. Selecione a opção 4 no menu, digitando 4 e pressionando enter.
2. Na lista de clientes existentes, selecione o cliente que você deseja revogar.
3. Confirme a revogação do cliente.

Alternativamente, você pode executar `ovpn.sh` com a opção `--revokeclient`.

```
sudo bash ovpn.sh --revokeclient [nome do cliente]
```

5.3 Gerencie clientes VPN IKEv2

Para gerenciar clientes VPN IKEv2, primeiro conecte-se ao seu servidor usando SSH (veja o Capítulo 3) e depois execute:

```
sudo ikev2.sh
```

Você verá as seguintes opções:

```
IKEv2 is already set up on this server.

Select an option:
  1) Add a new client
  2) Export config for an existing client
  3) List existing clients
  4) Revoke an existing client
  5) Delete an existing client
  6) Remove IKEv2
  7) Exit
```

Você pode então inserir a opção desejada para gerenciar clientes IKEv2.

Observação: Essas opções podem mudar em versões mais recentes do script. Leia com atenção antes de selecionar a opção desejada.

Alternativamente, você pode executar `ikev2.sh` com opções de linha de comando. Veja abaixo para detalhes.

5.3.1 Adicione um novo cliente

Para adicionar um novo cliente IKEv2:

1. Selecione a opção 1 no menu, digitando 1 e pressionando enter.
2. Forneça um nome para o novo cliente.
3. Especifique o período de validade do novo certificado de cliente.

Alternativamente, você pode executar `ikev2.sh` com a opção `--addclient`. Use a opção `-h` para mostrar o uso.

```
sudo ikev2.sh --addclient [nome do cliente]
```

Próximos passos: Configure clientes VPN IKEv2. Veja Capítulo 4, seção 4.4 para mais detalhes.

5.3.2 Exporte um cliente existente

Para exportar a configuração IKEv2 para um cliente existente:

1. Selecione a opção 2 no menu, digitando 2 e pressionando enter.
2. Na lista de clientes existentes, insira o nome do cliente que você deseja exportar.

Alternativamente, você pode executar `ikev2.sh` com a opção `--exportclient`.

```
sudo ikev2.sh --exportclient [nome do cliente]
```

5.3.3 Liste os clientes existentes

Selecione a opção 3 do menu, digitando 3 e pressionando enter. O script então exibirá uma lista de clientes IKEv2 existentes.

Alternativamente, você pode executar `ikev2.sh` com a opção `--listclients`.

```
sudo ikev2.sh --listclients
```

5.3.4 Revogue um cliente

Em certas circunstâncias, pode ser necessário revogar um certificado de cliente IKEv2 gerado anteriormente.

1. Selecione a opção 4 no menu, digitando 4 e pressionando enter.

2. Na lista de clientes existentes, insira o nome do cliente que você deseja revogar.
3. Confirme a revogação do cliente.

Alternativamente, você pode executar `ikev2.sh` com a opção `--revokeclient`.

```
sudo ikev2.sh --revokeclient [nome do cliente]
```

5.3.5 Exclua um cliente

Para excluir um cliente IKEv2 existente:

1. Selecione a opção 5 no menu, digitando 5 e pressionando enter.
2. Na lista de clientes existentes, insira o nome do cliente que você deseja excluir.
3. Confirme a exclusão do cliente.

Alternativamente, você pode executar `ikev2.sh` com a opção `--deleteclient`.

```
sudo ikev2.sh --deleteclient [nome do cliente]
```

Sobre o autor

Lin Song, PhD, é um engenheiro de software e desenvolvedor de código aberto. Ele criou e mantém os projetos Setup IPsec VPN no GitHub desde 2014, para criar seu próprio servidor VPN em apenas alguns minutos. Os projetos têm mais de 20.000 estrelas no GitHub e mais de 30 milhões de pulls do Docker, e ajudaram milhões de usuários a criar seus próprios servidores VPN.

Conecte-se com Lin Song
GitHub: https://github.com/hwdsl2
LinkedIn: https://www.linkedin.com/in/linsongui

Obrigado por ler! Espero que você aproveite ao máximo a leitura deste livro. Se este livro foi útil para você, eu ficaria muito grato se você deixasse uma classificação ou postasse uma breve resenha.

Obrigado,
Lin Song
Autor

www.ingramcontent.com/pod-product-compliance
Lightning Source LLC
LaVergne TN
LVHW050952051026
849532LV00005B/1805
9798869091529